미니박사의 신비한 인체탐험

작가 강어수

재노북스

미니박사의 신비한 인체탐험
위장 속 작은 영웅들
© 강어수, 2025

발 행	2025년 2월 28일
저 자	강어수
그 림	강어수, 윤서아, 김현주
펴 낸 곳	재노북스
펴 낸 이	이시은
디 자 인	윤서아, 김현주
ISBN	979-11-93297-64-3(77810)
정 가	24,000원

출판등록 2022년 4월 6일 (제2022-000006호)
서울시 금천구 가산디지털1로 205-27, 에이원 705호
팩   스 | 050-4095-0245
이메일 | dasolthebest@naver.com
원고접수 | 이메일 혹은 재노북스 카카오톡채널

미니박사의 신비한 인체탐험
위장 속 작은 영웅들

저자 강어수

재노북스

프롤로그

우리 몸속의 비밀

여러분은 우리 몸속이 어떻게 생겼을지 상상해본 적 있나요?

때로는 우주처럼 신비롭고, 때로는 바다처럼 깊고, 때로는 도시처럼 복잡한 우리 몸속에는 정말 놀라운 비밀들이 가득해요. 그리고 그곳에는 우리가 전혀 모르는 작고 귀여운 영웅들이 살고 있답니다.

바로 우리 몸을 지키는 백혈구 경찰관 웨웨, 영양분을 배달하는 요정 영양이, 그리고 장 건강을 책임지는 파란 유익균 프로비처럼요!

이 이야기는 호기심 많은 열 살 소녀 미니가 우연히 할머니의 비밀 실험실에서 발견한 신비한 방울약 때문에 시작되었어요. 미니는 평소에 채소를 정말 싫어하고, 운동도 별로 좋아하지 않았답니다. 하지만 그녀의 과학에 대한 호기심은 끝없이 펼쳐졌어요.

"우리 몸속은 어떻게 생겼을까?"
"왜 할머니는 항상 채소를 먹으라고 하실까?"
"운동은 왜 해야 하는 걸까?"

이런 궁금증들을 안고 있던 어느 날, 미니는 자신의 몸속으로 들어가는 놀라운 모험을 하게 됩니다. 그리고 그곳에서 만난 특별한 친구들과 함께, 우리 몸을 위협하는 무시무시한 바이러스 킹에 맞서 싸우게 되죠.

프롤로그

　이 이야기를 읽다 보면, 여러분도 미니처럼 우리 몸속에 대해 더 많이 알고 싶어질 거예요. 왜 건강이 중요한지, 영양소들은 어떤 일을 하는지, 그리고 우리 몸을 지키는 작은 영웅들은 어떻게 협동하는지 알게 될 거예요.

　자, 이제 미니와 함께 신비한 인체 탐험을 떠나볼까요?

우리의 작은 과학자 미니가 들려주는 이야기 속에는, 건강의 소중함과 협동의 가치, 그리고 우리가 몰랐던 우리 몸속의 놀라운 비밀들이 가득하답니다.

때로는 웃음이 나고, 때로는 긴장되고, 때로는 감동적인 이 모험 이야기가 여러분의 마음속에 특별한 추억으로 남기를 바라며...

새로운 모험을 시작해볼까요?

목 차

프롤로그 · · · · · · 6

작가소개 · · · · · · 10

등장인물 · · · · · · 12

1장. 신비한 방울약 · · · · 17

2장. 위장 속 새로운 친구들 · · 35

3장. 바이러스 킹의 습격 · · 53

4장. 면역력의 비밀 · · · · 71

5장. 건강한 우리 몸 · · · · 89

에필로그 · · · · · · · 106

작가소개

안녕하세요!
'건강 지킴이 작가' 강어수입니다.
친구들은 저를 '몸몸 선생님'이라고 부르기도 해요.
왜냐하면 제가 우리 몸에 대한 이야기만 나오면 눈이 반짝반짝
빛나거든요! ^^

저는 어렸을 때부터 우리 몸에 대해 정말 궁금한 게 많았어요.
"왜 하품이 전염될까?"
"배꼽은 왜 생긴 걸까?"
"방귀는 왜 나오는 걸까?"
이런 질문들을 하면서 자랐답니다.

그러다 문득 생각했어요.
'아하! 다른 친구들도 나처럼 우리 몸에 대해 궁금한 게 많을 텐데!'

그래서 재미있는 이야기로 우리 몸의 신비를 함께 나누고 싶어서
이 책을 쓰게 되었어요.

이 책의 주인공 미니처럼, 여러분도 호기심 가득한 눈으로 우리 몸을 살펴보면 어떨까요?
 우리 몸은 정말 신기한 비밀들로 가득하거든요!

그리고 잊지 마세요.
우리의 몸은 세상에서 단 하나뿐인 특별한 선물이에요.
건강한 음식을 먹고, 즐겁게 운동하고, 충분히 쉬면서
우리의 소중한 몸을 건강하게 지켜주세요!

여러분의 멋진 모험을 응원합니다!
항상 건강하세요! ♥

강어수 드림

책을 읽고 궁금한 점이 있다면 언제든 편지를 보내주세요!
이메일: ludia91@naver.com

등장인물

미니 (10살, 주인공)

*특징: 레고머리 트레이드마크!
*좋아하는 것: 과학 실험, 할머니의 이야기
*싫어하는 것: 채소, 운동 하지만 나중에는?
*꿈: 할머니처럼 멋진 과학자가 되는 것
*Point!
호기심이 너무 많아서 가끔 실수를 하지만, 그 덕분에 특별한 모험을 하게 되었어요!

웨웨 (백혈구 대장)

*특징: 투명한 방패와 반짝이는 제복
*직업: 면역 경찰대장
*좋아하는 말
"이 구역의 평화는 내가 지킨다!"
*Point!
용감하고 씩씩한 우리 몸의 수비수예요!

박지혜 할머니 (65살)

*특징: 반짝이는 금테 안경, 하얀 실험복
*직업: 은퇴한 생명공학자
*특기: 재미있는 과학 이야기 들려주기
*Point!
미니를 늘 따뜻하게 이해해주는 든든한 조력자예요!

영양이 (영양소 요정)

*특징: 분홍빛 드레스와 반짝이는 날개
*직업: 영양분 배달부
*가방 속 비밀: 무지개빛 영양소들
*Point!
귀엽고 상냥한 우리 몸의 영양담당이에요!

등장인물

프로비 (유익균 대표)

*특징: 파란색 둥근 몸체와 하얀 눈
*직업: 장내 유익균 마을 대표
*특기: 파란 빛으로 나쁜 균 물리치기
*Point!
유쾌하고 똑똑한 장 건강 지킴이에요!

바이러스 킹 (나쁜 균 두목)

*특징: 검은 망토와 뾰족한 가시 왕관
*취미: 우리 몸 공격하기 계획 세우기
*싫어하는 것: 건강한 생활습관
*Point!
무섭지만 결국은 우리가 이겨낼 수 있는 존재예요!

★ 기억하세요!
우리 몸속에는 이렇게 멋진 친구들이 살고 있어요.
그들은 매일매일 우리의 건강을 위해 열심히 일하고 있답니다.
우리도 이 친구들을 위해 건강한 생활을 실천해볼까요?

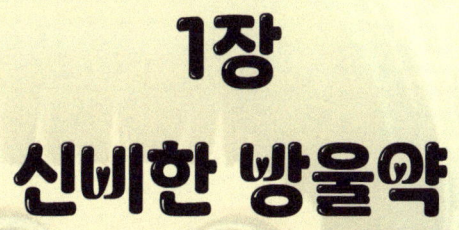

1장
신비한 방울약

1장
유물의 낱매시

할머니의 비밀 실험실

미니는 방과 후 집으로 돌아오는 길에 발걸음을 멈췄습니다. 그녀의 동그란 갈색 눈동자가 호기심으로 반짝였습니다. 할머니의 실험실 창문에서 이상한 보라빛이 새어 나오고 있었거든요.

"어? 할머니가 또 새로운 실험을 하시나 봐!"

미니는 하얀 실험복 원피스 주머니에서 열쇠를 꺼내들었습니다. 할머니는 언제나 실험실 문을 잠가두셨지만, 손녀인 미니에게만은 열쇠를 주셨거든요. 미니가 과학에 관심이 많다는 걸 아시고 특별히 신뢰해 주신 거였죠.

"할머니, 저 왔어요!"

미니가 문을 열고 들어섰을 때, 실험실은 텅 비어있었습니다. 대신 형형색색의 시험관들이 불빛에 반짝이고, 현미경과 실험 도구들이 정돈되어 있었어요. 특히 구석에 있는 작은 금고가 미니의 시선을 사로잡았습니다.

"우와, 저 금고는 처음 보는 건데?"

 평소라면 할머니의 허락 없이 물건을 만지지 않았을 텐데, 오늘따라 미니의 호기심이 유난히 컸습니다. 금고 앞으로 다가가 보니, 글씨가 적힌 쪽지가 붙어있었어요.

'비상시에만 열 것! - 지혜 할머니'

"비상시라...
지금이 비상시인가?"

 미니는 잠시 고민했습니다. 그때 실험실 밖에서 까마귀가 크게 울었고, 미니는 깜짝 놀라 금고에 기대었습니다. 그런데 이게 웬일일까요? 금고가 살짝 열려 있었던 거예요!
"어머, 이게 무슨...?"

 금고 안에는 반짝이는 보라색 액체가 담긴 작은 병이 있었습니다. 병 옆에는 또 다른 쪽지가 있었어요.

'인체 축소 방울약 – 시험 단계'

"인체 축소…? 와, 이거 완전 신기한데!"

그때 밖에서 발자국 소리가 들렸습니다. 분명 할머니가 돌아오시는 소리였어요. 미니는 얼른 금고를 닫으려 했지만, 호기심을 참을 수가 없었습니다. 순간적으로 작은 병을 주머니에 넣었죠.

"미니야, 벌써 왔니?"

할머니가 실험실 문을 여시며 들어오셨습니다. 늘 그렇듯 하얀 머리카락을 단정하게 빗어 넘기시고, 금테 안경 너머로 따뜻한 미소를 지으셨어요.

"네! 방금 왔어요. 할머니, 오늘은 어떤 실험하셨어요?"

"호호, 비밀이야. 아직 완성되지 않은 실험이거든."

할머니는 금고 쪽을 힐끗 보시더니 미소를 지으셨습니다. 마치 미니의 행동을 모두 알고 계신 것처럼요. 하지만 미니의 주머니 속 작은 병에 대해서는 아무 말씀도 하지 않으셨답니다.

그날 밤, 미니는 이불 속에서 보라색 병을 바라보며 생각했습니다.
'과연 이 방울약을 먹으면 정말 작아질 수 있을까…?'

반짝이는 보라색 물약

　다음 날 아침, 미니는 평소보다 일찍 눈을 떴습니다. 밤새 이불 속에 꼭 쥐고 있던 보라색 방울약 병이 햇빛에 반짝였어요. 평소와 다르게 설레는 마음이 가득했답니다.

　"오늘은 꼭 비밀을 밝혀내고 말 거야!"

　아침 식사 시간, 할머니는w 평소처럼 미니의 건강을 걱정하며 말씀하셨어요.

　"우리 미니, 오늘은 꼭 급식 잘 먹어야 해. 어제 선생님께 연락 받았는데, 요즘 급식을 남긴다면서?"

　미니는 살짝 얼굴이 붉어졌어요. 평소 음식을 골고루 먹지 않는 게 고민이었거든요.

　"아... 네. 근데 할머니, 혹시 사람이 아주 작아질 수 있다고 생각하세요?"

할머니는 안경을 올리시며 미소 지었습니다.

"그건 왜 궁금한 거니?"

"그냥요... 만약에 작아질 수 있다면, 우리 몸속도 구경할 수 있잖아요!"

"호호, 그렇구나. 하지만 위험할 수도 있단다. 과학 실험은 항상 신중해야 해."

미니는 주머니 속 방울약을 만지작거리며 고개를 끄덕였습니다. 하지만 호기심은 점점 더 커져만 갔어요.

학교에 도착한 미니는 쉬는 시간마다 방울약을 꺼내 살펴보았습니다. 보라색 액체는 마치 은하수처럼 반짝였고, 병 속에서 작은 거품들이 춤추는 것 같았어요.

"미니야, 그게 뭐야?"

갑자기 들린 목소리에 미니는 깜짝 놀라 병을 떨어뜨릴 뻔했어요. 옆자리의 친구 수지였답니다.

"아, 이거? 음... 그냥 할머니가 만드신 비타민이야!"

"우와, 되게 예쁘다! 나도 한 번 볼래?"

미니는 얼른 병을 주머니에 넣었습니다.

"미안해, 수지야. 아직 실험 중인 거라…"

수업이 끝나고, 미니는 화장실로 달려갔어요. 더는 호기심을 참을 수 없었거든요. 아무도 없는 것을 확인한 후, 병뚜껑을 살며시 열었습니다.

"자, 이제 진짜 과학자처럼 실험해보자!"

미니는 손가락 끝에 작은 방울 하나를 떨어뜨렸어요. 보라색 액체가 혀끝에 닿는 순간, 달콤한 포도맛이 퍼졌습니다.

"어? 생각보다 맛있는데?"

그런데 갑자기 미니의 몸이 간지러워지기 시작했어요. 손끝부터 발끝까지 따끔따끔한 느낌이 퍼져나갔습니다.

"어, 어머! 이게 뭐지?"

거울을 보니 미니의 모습이 점점 흐릿해지고 있었어요. 그리고 주변의 모든 것들이 점점 커다래지기 시작했답니다.

"설마… 정말 작아지는 거야?"

미니의 눈앞에서 세상이 점점 달라지기 시작했습니다. 이제 돌이킬 수 없는 모험이 시작된 거였죠.

쏙~ 작아진 미니

화장실 바닥이 점점 커다란 운동장처럼 변해갔어요. 미니의 하얀 실험복 원피스는 반짝이는 우주복처럼 변했답니다.

"으악! 진짜 작아지고 있어!"

미니의 목소리는 깜찍한 쥐의 목소리만큼이나 가늘어졌어요. 이제 화장실 타일 하나가 거대한 광장처럼 보였고, 세면대는 하늘까지 닿을 것 같은 큰 폭포같았죠.

"이럴 순 없어... 할머니한테 혼나기 전에 빨리 돌아가야 해!"

하지만 남은 방울약을 꺼내보려 해도 이제 병이 미니보다 훨씬 커져버려서 들 수조차 없었답니다. 게다가 화장실 문틈 사이로 발소리가 들려왔어요.

"누구 있어요?"

청소 아주머니의 목소리였어요! 미니는 얼른 타일 틈 사이로 몸을 숨겼습니다. 걸레가 휙휙 지나가는 모습이 마치 거대한 태풍이 지나가는 것처럼 무서웠어요.

"어떡하지... 이대로는 밟힐지도 몰라!"

미니는 주변을 둘러보았어요. 다행히 벽 모서리에 작은 구멍이 보였답니다. 아마도 개미들이 다니는 길인 것 같았어요.

"여기로 가면 안전할 것 같아."

용기를 내어 구멍 속으로 들어가자, 놀랍게도 그곳은 반짝이는 빛으로 가득한 통로였어요. 마치 할머니의 실험실처럼 신기한 기운이 가득했죠.

"우와, 이건 뭐지? 할머니가 이런 걸 알고 계셨던 걸까?"

통로를 따라 조심조심 걸어가는데, 갑자기 뒤에서 작은 발소리가 들렸어요.

"꼬마 아가씨, 거기 서요!"

깜짝 놀라 뒤돌아보니, 반짝이는 하얀 제복을 입은 작은 생명체가 서 있었어요. 투명한 방패와 빛나는 창을 들고 있는 모습이 마치 경찰 같았죠.
"저, 저는 그냥..."

"이곳은 우리 몸속 면역 경찰대의 구역이에요. 당신은 누구시죠?"

미니는 떨리는 목소리로 대답했어요.

"저는 미니예요. 실수로 작아져서…"

그때였어요. 갑자기 통로가 크게 흔들리기 시작했답니다.

"으악! 무슨 일이에요?"

"이런, 점심시간이군요! 음식물이 내려오고 있어요. 빨리 안전한 곳으로 가야해요!"

하얀 제복을 입은 생명체는 미니의 손을 잡고 재빨리 달리기 시작했어요. 뒤에서는 거대한 물결 소리가 들려왔고, 통로는 점점 더 크게 흔들렸답니다.

"저기 있는 문으로 들어가요! 어서요!"

미니는 이제 자신이 정말로 몸속에 들어와 있다는 걸 실감했어요. 할머니가 늘 말씀하시던 '우리 몸은 신비한 우주'라는 말이 떠올랐죠.

"앗, 맞다! 전 다시 커져야 해요. 할머니가 걱정하실 거예요!"

"지금은 그게 중요한 게 아니에요. 우선 안전한 곳으로 가요. 제가 도와드리겠습니다."

미니는 이제 새로운 모험이 시작되었다는 것을 깨달았어요. 그리고 이 작은 세계에서 자신을 도와줄 첫 번째 친구를 만난 것 같았답니다.

몸속으로의 여행 시작

안전한 곳으로 피신한 미니와 하얀 제복의 생명체는 잠시 숨을 고르며 서로를 바라보았어요. 이제 보니 그 생명체의 몸에는 반짝이는 푸른빛 무늬가 있었고, 머리에는 경찰 모자 같은 장식을 달고 있었답니다.

"제 소개가 늦었네요. 저는 웨웨예요. 면역 경찰대 소속이죠."

"면역... 경찰대요?"

미니가 궁금한 듯 물어보자 웨웨는 자랑스럽게 가슴을 폈어요.

"네! 우리는 이 몸을 지키는 백혈구 특공대예요. 나쁜 균들이 침입하면 퇴치하는 게 우리 임무죠."

미니는 할머니께서 들려주신 이야기가 떠올랐어요.
"아! 할머니가 말씀하시던 우리 몸속 수비대가 바로 백혈구였군요!"
그때 갑자기 주변이 크게 흔들렸어요. 미니의 앞머리가 휘날리고, 반짝이는 우주복이 반사광을 내뿜었죠.

"으악! 또 무슨 일이에요?"

웨웨는 침착하게 설명했어요.

"점심시간이라 음식물이 내려오고 있어요. 우리가 있는 이곳은 식도예요. 곧 위장으로 가게 될 거에요."

"그럼 저도 음식이랑 같이 내려가는 거예요?"

"걱정 마세요. 제가 안전한 곳으로 안내할게요. 그나저나…"

웨웨는 미니를 유심히 살펴보더니 말을 이었어요.

"어떻게 이렇게 작아지게 된 거예요? 혹시 바이러스의 짓인가요?"

미니는 부끄러운 듯 볼을 붉혔어요.

"아니요. 제가 할머니의 실험실에서 보라색 방울약을 몰래 마셨어요."

"뭐라고요? 그럼 당신이 이 몸의 주인인가요?"

"네. 제 몸이에요. 제가 바로 박미니예요!"

웨웨는 깜짝 놀라 경례를 했어요.

"세상에! 죄송합니다, 미니 대장님. 이런 중요한 손님이 오신 줄 몰랐네요!"

미니는 쑥스러워하며 손사래를 쳤어요.
"아니에요. 그냥 미니라고 불러주세요. 근데 웨웨, 저 다시 돌아갈 수 있을까요?"

웨웨는 잠시 생각에 잠기더니 말했어요.
"음... 할머니의 실험실에 해독제가 있을 것 같은데, 지금은 위험해요.

위장까지 가서 영양이를 만나봐요. 그 친구는 이런 것들을 잘 알거든요."

"영양이요?"

"네, 영양이는 우리 몸에서 영양분 배달을 담당하는 요정이에요. 엄청 똑똑하죠!"

그때였어요. 갑자기 어둠 속에서 섬뜩한 웃음소리가 들려왔어요.

"크크큭... 반가워요, 꼬마 손님."

미니와 웨웨가 돌아보니, 검은 망토를 두른 음침한 모습의 존재가 서 있었답니다.

"바, 바이러스 킹!" 웨웨가 외쳤어요.

"도망쳐요, 미니! 빨리요!"

미니는 웨웨의 손을 잡고 달리기 시작했어요. 이제 진짜 모험이 시작된 것 같았답니다.

2장
위장 속 새로운 친구들

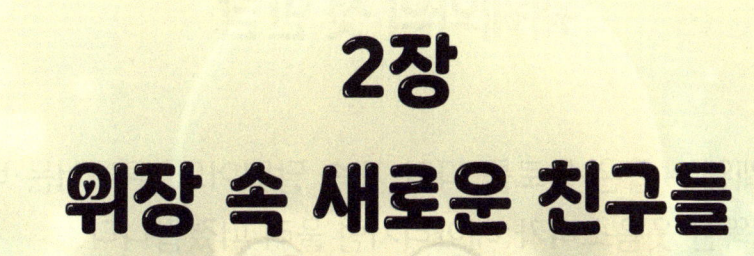

웨웨와의 첫 만남

미니와 웨웨는 좁은 통로를 따라 계속 달렸어요. 뒤에서는 바이러스 킹의 섬뜩한 웃음소리가 메아리처럼 울려 퍼졌답니다.

"헉헉... 웨웨, 이제 안전한가요?"

미니의 앞머리는 달리느라 땀에 젖어 있었고, 반짝이던 우주복도 약간 빛을 잃은것 같았어요.

"잠시만요, 제가 아는 지름길이 있어요!"

웨웨가 투명한 방패로 벽을 톡톡 두드리니까, 갑자기 작은 문이 열렸어요. 둘은 재빨리 그 안으로 들어갔죠.

"우와, 여기는 어디예요?"

미니의 눈앞에 펼쳐진 광경은 정말 놀라웠어요. 분홍빛 하늘이 펼쳐진 듯한 공간에는 반짝이는 무지개 빛 알갱이들이 춤추듯 떠다니고 있었거든요.

"여기는 위장으로 가는 비밀 통로예요. 영양이가 자주 다니는 길이죠."

그때였어요. 달콤한 향기와 함께 분홍빛 드레스를 입은 예쁜 요정이 나타났어요.

"어머, 웨웨! 오늘은 누구랑 함께 왔네?"

영양이는 과일과 채소 모양으로 장식된 머리띠를 만지며 미소지었어요. 날개에서는 반짝이는 가루가 살포시 떨어졌답니다.

"영양아, 큰일이야! 이분이 바로 우리 몸의 주인님이셔!"

"정말요? 아이고, 반가워요! 저는 영양분 배달부 영양이에요. 그런데 어쩐 일로 이렇게..."

미니가 상황을 설명하자 영양이는 걱정스러운 표정을 지었어요.

"할머니의 축소 방울약이라... 크기를 되돌리려면 특별한 영양분이 필요할 것 같아요."

"특별한 영양분이요?"

"네, 평소에 미니가 잘 안 먹던 채소들이요! 당근, 시금치, 브로콜리 같은 것들이요."

미니는 얼굴을 살짝 찌푸렸어요. 평소에 채소를 정말 싫어했거든요.

"그렇군요... 제가 평소에 골고루 먹었었다면 좋았을 텐데..."

영양이는 따뜻하게 미소지으며 말했어요.

"지금이라도 늦지 않았어요! 제가 도와드릴게요. 어쩌면 이번 기회에 우리 몸에 정말 필요한 게 뭔지 알게 될지도 몰라요."

그때 갑자기 먼 곳에서 시끄러운 소리가 들렸어요.

"이런, 바이러스 킹이 위장 쪽으로 가고 있어요!" 웨웨가 외쳤어요.

"빨리 프로비를 만나러 가요. 그 친구라면 도움이 될 거예요!" 영양이가 말했어요.

미니는 이제 자신의 몸속에서 일어나는 일들이 점점 더 궁금해졌어요. 게다가 평소에 싫어하던 채소들의 진짜 힘도 알고 싶어졌답니다.

"좋아요! 프로비를 만나러 가요!"

미니의 몸속 탐험은 점점 더 흥미진진해져 갔답니다.

영양이의 등장

영양이는 미니와 웨웨를 이끌고 반짝이는 통로를 지나갔어요. 미니의 우주복이 통로의 빛을 받아 무지개처럼 반짝였답니다.

"자, 여기가 제 비밀창고예요!"

영양이가 날개를 휘젓자 커다란 문이 열렸어요. 안에는 각종 영양소들이 반짝이며 춤추고 있었죠.

"우와, 저게 다 뭐예요?"

미니의 눈이 휘둥그레졌어요. 빨강, 초록,노랑 … 온갖 색깔의 영양소들이 방 안을 가득 채우고 있었거든요.

"여기 빨간색은 비타민 A예요. 당근이나 토마토치에서 왔죠. 눈을 건강하게 해준답니다."
영양이는 빨간 영양소를 손바닥 위에 올려놓았어요. 마치 작은 루

비처럼 반짝였죠.

"그리고 이 초록색은 철분이에요. 시금치의 힘! 우리 몸에 건강한 피를 만들어준답니다."

웨웨가 갑자기 소리쳤어요.

"미니! 평소에 이런 영양소들을 잘 안 먹어서 몸이 약해진 거예요. 그래서 바이러스 킹이 쉽게 들어올 수 있었던 거죠!"

미니는 부끄러워졌어요. 평소에 채소는 밀어내고 맛있는 것만 골라 먹었거든요.

"그럼... 제가 어떻게 하면 좋을까요?"

영양이가 환하게 웃으며 분홍빛 가방을 열었어요.

"자, 이건 특별 영양 선물이에요. 평소에 미니가 먹지 않았던 모든 영양소를 모았답니다!"

그때였어요. 갑자기 창고가 크게 흔들리기 시작했어요!

"으악! 또 무슨 일이에요?"
"바이러스 킹이 가까이 왔어요!" 웨웨가 경계하며 말했어요.

"빨리 이 영양소들을 안전한 곳으로 옮겨야 해요!" 영양이가 외쳤어요.

미니는 순간 할머니의 말씀이 떠올랐어요.
'우리 몸은 하나하나가 다 소중한 거야. 무엇보다도 균형이 가장 중요하단다.'

"저도 도울게요! 이제 채소도 잘 먹고, 영양소도 골고루 섭취할 거예요!"

미니가 영양소들을 나르는 동안, 웨웨는 문을 지키고, 영양이는 특별한 영양 주머니를 준비했어요. 세 친구의 팀워크가 빛나는 순간이었답니다.

"어때요? 이렇게 다 같이 하니까 훨씬 수월하죠?"

영양이의 말에 미니는 활짝 웃었어요. 평소에 혼자서만 하려고 했던 것들이 떠올랐거든요.

"네! 이제 알겠어요. 우리 몸도, 우리들도 서로 도와야 더 강해질 수 있는 거죠?"
"그럼요! 이제 프로비를 만나러 가요. 그 친구는 장 건강을 책임지는 수호자거든요!"

미니는 이제 진짜 모험이 시작된다는 걸 느꼈어요. 그리고 자신의 몸을 더 건강하게 만들고 싶다는 마음도 커져갔답니다.

프로비의 마을

미니와 친구들은 꼬불꼬불한 통로를 지나 마침내 새로운 장소에 도착했어요. 그곳은 마치 작은 도시 같았답니다. 파란색 건물들이 줄지어 있고, 하얀 빛으로 반짝이는 길이 이어져 있었죠.

"여기가 바로 프로비네 마을이에요!"
영양이가 설명했어요.

그때 귀여운 목소리가 들려왔어요.
"어서 오세요, 우리 마을에!"

파란색 둥근 몸체에 하얀 눈을 가진 작은 생명체가 나타났어요. 몸에서는 은은한 빛이 퍼져 나왔고, 장내 미생물 마을의 전통 옷을 입고 있었답니다.

"안녕하세요! 저는 유익균 마을의 대표 프로비예요. 평소엔 장 건강을 책임지고 있답니다!"

미니는 눈을 동그랗게 뜨고 물었어요.
"장 건강이요? 어떻게 하는 거예요?"

프로비는 깔깔 웃으며 대답했어요.
"우리 유익균들은 나쁜 균들이 들어오지 못하게 막아주고, 영양분이 잘 흡수되도록 도와준답니다. 발효식품을 먹으면 우리 같은 친구들이 많이 생겨나요!"

"아하! 할머니가 늘 요구르트랑 김치를 먹으라고 하셨는데, 그래서였군요!"

그때였어요. 갑자기 마을 전체가 흔들리기 시작했어요.

"큰일났어요!" 웨웨가 외쳤어요.
"바이러스 킹이 우리 마을로 오고 있어요!" 프로비도 덧붙였어요.

미니는 주머니에서 영양이가 준 특별 영양 주머니를 꺼냈어요.
"프로비! 이걸로 뭔가 할 수 있지 않을까요?"

프로비의 하얀 눈이 반짝였어요.
"오호! 이건 슈퍼 영양분이네요! 이걸로 특별한 방어막을 만들 수 있을 것 같아요!"

프로비는 재빨리 다른 유익균 친구들을 불러모았어요. 모두가 힘을 합쳐 영양분으로 투명한 보호막을 만들기 시작했답니다.

"와아! 정말 신기해요!"
미니가 감탄했어요. 우주복을 입은 그녀의 모습이 보호 막에 비쳐 반짝거렸어요.

"이게 바로 우리 몸의 면역력이에요." 프로비가 설명했어요.
"건강한 음식을 먹고, 우리 유익균들이 잘 살 수 있게 해주면, 이렇게 강한 방어막을 만들 수 있답니다!"

미니는 문득 자신이 평소에 얼마나 건강에 신경 쓰지 않았는지 깨달았어요. 하지만 이제는 달라질 거예요!

"프로비, 제가 돌아가면 꼭 건강한 음식을 먹을게요! 여러분을 위해서라도요!"

그때 멀리서 검은 그림자가 다가오는 게 보였어요. 바이러스 킹이 공격을 시작한 거예요!

소화의 비밀

검은 그림자가 점점 가까워지자, 프로비는 미니와 친구들을 마을 중앙의 둥근 돔 건물로 안내했어요. 미니의 반짝이는 우주복이 돔의 유리벽에 비치며 무지개빛을 만들어냈답니다.

"여기가 우리의 소화 관제센터예요!"
프로비가 자랑스럽게 설명했어요.

안으로 들어서자 수많은 스크린이 벽을 가득 채우고 있었어요. 각각의 화면에는 다양한 영양소들이 움직이는 모습이 보였죠.

"우와! 저기 초록색으로 반짝이는 건 뭐예요?"
미니가 호기심에 쳐다보며 말했어요.

"그건 방금 들어온 브로콜리예요! 보세요, 어떻게 영양소로 분해되는지!"

화면 속에서 브로콜리가 점점 작은 조각으로 나뉘더니, 반짝이는 초록색 영양소들로 변했어요. 마치 반짝이는 초록록별들이 춤추는 것 같았어요.

"그리고 저기 노란색으로 빛나는 건 바나나예요. 탄수화물이 에너지로 바뀌는 걸 볼 수 있죠!"

미니가 놀라 입이 쩍 벌어졌어요.
"아! 그래서 운동하기 전에 바나나를 먹으면 좋다고 하는 거였군요!"

그때 갑자기 빨간색 경고등이 깜빡이기 시작했어요.

"비상! 비상! 바이러스 킹이 소화액을 오염시키려 해요!"
웨웨가 외쳤어요.

영양이가 재빨리 분홍빛 가방에서 특별 영양 주머니를 꺼냈어요.
"이걸로 소화액을 보호할 수 있을 거예요!"

하지만 미니는 문득 더 좋은 생각이 떠올랐어요.
"잠깐만요! 할머니가 항상 말씀하시길, 문제를 해결하려면 원인을 찾아야 한대요."
"그게 무슨 뜻이에요?" 프로비가 물었어요.
"바이러스 킹이 왜 자꾸 우리를 공격하는 걸까요? 혹시... 제가 평소에 몸을 잘 관리하지 않아서? 영양소도 골고루 안 먹고..."

웨웨가 고개를 끄덕였어요.
"맞아요! 건강한 몸은 나쁜 균들이 좋아하지 않거든요!"

"그럼 이제부터라도 건강한 음식을 골고루 먹고, 운동도 열심히 하면 되겠네요!"

그때였어요. 바이러스 킹의 음산한 목소리가 들려왔어요.
"크크크... 이제 와서 그런다고 달라질까?"

미니와 친구들은 긴장된 표정으로 서로를 바라보았어요. 이제 진짜 승부의 시간이 다가온 걸까요?

3장
바이러스 킹의 습격

검은 그림자의 등장

   소화 관제센터의 문이 크게 열리자 차가운 바람이 불어왔어요. 검은 망토를 둘러쓴 바이러스 킹이 뚜벅뚜벅 걸어 들어왔답니다. 그의 빨간 눈이 으스스하게 빛났고, 뾰족한 가시 왕관이 머리 위에서 번뜩였어요.

"오호호, 드디어 만나는군요. 이 몸의 주인님?"
바이러스 킹은 미니를 향해 비웃듯 말했어요.

미니는 겁이 났지만, 용기를 내어 앞으로 나섰어요.
"왜 우리 몸을 공격하는 거예요?"

"그야 당연하죠. 당신이 만들어준 이 완벽한 환경 때문이에요!"
바이러스 킹은 손을 휘저으며 설명했어요.

"채소는 싫어하고, 운동은 게을리하고… 덕분에 우리 같은 나쁜 균들이 살기 좋은 환경이 되었죠. 크크크!"

미니의 얼굴이 붉어졌어요. 자신의 잘못된 생활습관이 이런 결과를 만들었다는 걸 깨달았거든요.
"하지만 이제는 달라질 거예요!"
미니가 외쳤어요.

웨웨가 재빨리 방패를 들고 미니 앞을 가로막았고, 영양이는 분홍빛 가방에서 영양 폭탄을 꺼냈어요. 프로비와 다른 유익균들도 방어 자세를 취했답니다.

"흥, 말로만 달라진다고? 증명해 보시죠!"
바이러스 킹이 망토를 휘두르자 검은 안개가 퍼져나갔어요. 안개가 닿는 곳마다 화면들이 하나둘 깜빡거리기 시작했죠.

"안 돼요! 소화 시스템이 멈추고 있어요!"
프로비가 외쳤어요.

미니는 순간 할머니의 실험실이 떠올랐어요. 할머니는 항상 말씀하셨죠.
"문제가 생기면 먼저 차분히 관찰하고, 그다음 해결책을 찾는 거야."

미니는 스크린을 유심히 살펴보았어요. 그러다 문득 이상한 점을 발견했답니다.

"잠깐만요! 바이러스 킹의 안개가 닿은 곳은 검게 변하지만, 영양이의 영양소가 있는 곳은 안개가 못 들어가요!"

"맞아요! 건강한 영양분이 있는 곳은 나쁜 균들이 싫어하거든요!"
영양이가 설명했어요.
미니의 눈이 반짝였어요. 이제 해결책이 보이기 시작한 거예요!

하지만 바이러스 킹은 여전히 강했답니다. 과연 미니와 친구들은 이 위기를 어떻게 극복할 수 있을까요?

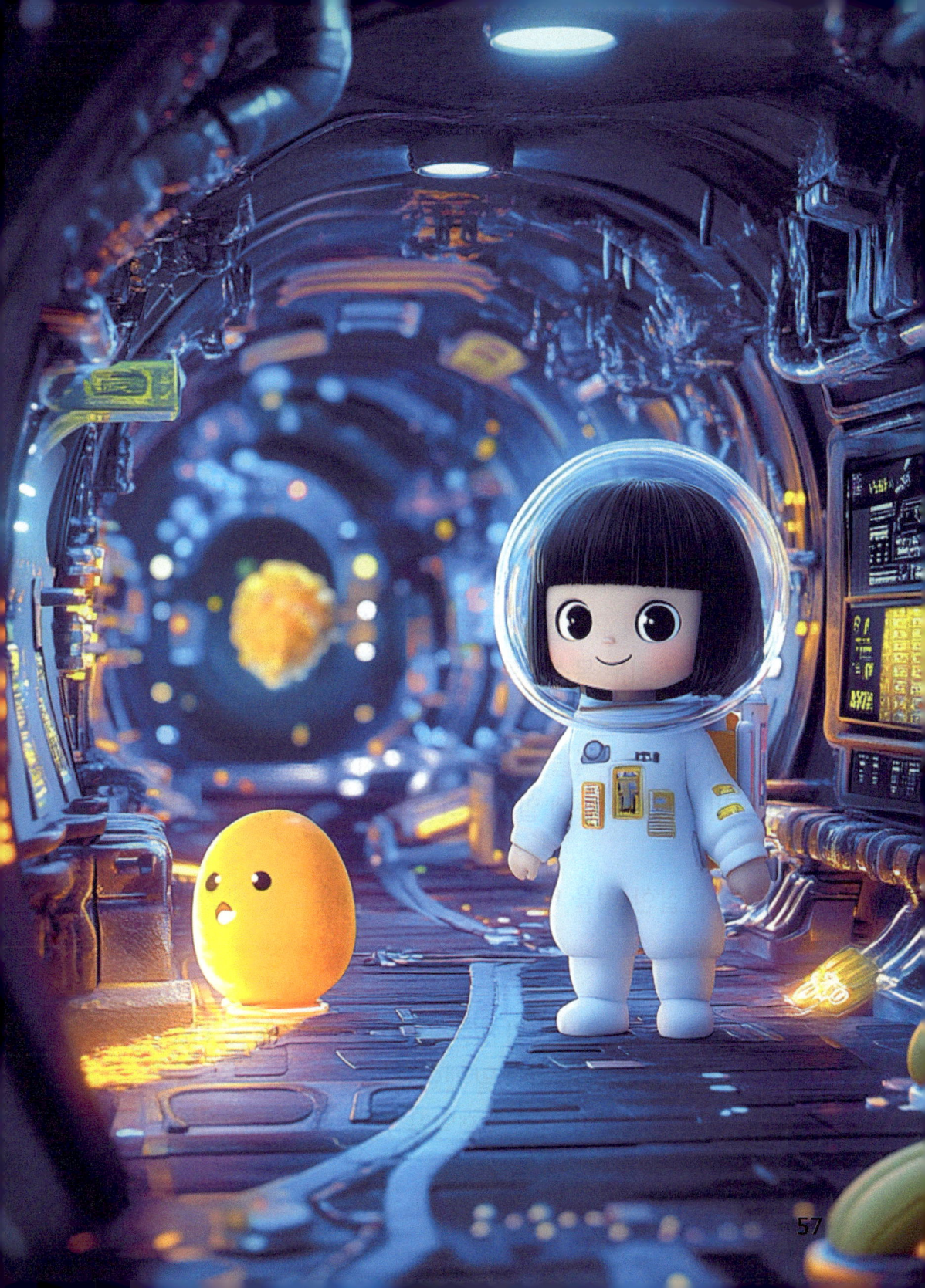

위기에 처한 장내 친구들

 바이러스 킹의 검은 안개가 점점 더 퍼져나갔어요. 소화 관제센터의 스크린들이 하나둘 꺼지면서, 프로비의 마을 곳곳이 어둠에 잠기기 시작했답니다.

"이대로는 안 돼요! 유익균 친구들이 위험해요!"
프로비가 걱정스러운 목소리로 외쳤어요.

 미니는 반짝이는 우주복을 휘날리며 이리저리 뛰어다니면서 상황을 살폈어요. 미니의 마음 속에 할머니의 목소리가 들리는듯 했답니다.

"과학자는 관찰한 것을 바탕으로 가설을 세우고 문제를 해결하는 거야."

"그래요! 아까 봤듯이 영양소가 있는 곳은 안개가 못 들어가요. 그럼…"
미니가 갑자기 눈을 반짝이며 말했어요.
"영양이! 특별 영양 주머니로 보호막을 만들 수 있지 않을까요?"

영양이는 분홍빛 날개를 활짝 펴며 고개를 끄덕였어요.
"좋은 생각이에요! 하지만 영양분이 부족해요..."

그때 웨웨가 투명한 방패를 들고 나섰어요.
"제가 다른 백혈구 대원들을 불러올게요! 우리가 시간을 벌어드릴 테니, 어서 계획을 실행해요!"

바이러스 킹은 이를 보고 비웃었어요.
"크크크... 소용없어요. 이미 늦었다고요!"

하지만 미니는 포기하지 않았어요. 문득 평소 급식 시간이 떠올랐거든요. 채소를 남기던 자신의 모습, 그리고 그때마다 할머니께서 해주시던 말씀...

"맞다! 프로비, 혹시 이전에 먹었던 음식들의 영양분이 어디 남아 있지 않나요?"

프로비의 하얀 눈이 커졌어요.
"아! 영양 저장고요! 거기 가면 남은 영양분들이 있을 거예요!"

미니와 영양이는 서둘러 영양 저장고로 향했어요. 웨웨와 다른 백혈구들은 방패로 바이러스 킹의 안개를 막아섰고, 프로비는 다른 유익균들을 안전한 곳으로 대피시켰답니다.

"여기예요!"
영양 저장고에는 미니가 먹었던 음식들의 영양분이 보관되어 있었어요.

"와, 생각보다 많이 남아있네요!"
미니가 놀라며 말했어요.

"그래도 이게 다예요. 평소에 채소를 잘 안 드셔서…"
영양이가 조심스럽게 말했어요.

미니는 고개를 끄덕였어요.
"알아요. 하지만 지금 이 영양분으로 최선을 다해볼게요! 이제부터는 건강한 음식도 잘 먹을 거예요!"

그때였어요. 갑자기 바이러스 킹의 안개가 영양 저장고까지 밀려 들어왔어요!

"어서 모든 영양분을 모아요! 시간이 없어요!"
미니가 외쳤어요.

과연 미니와 친구들은 이 위기를 잘 극복할 수 있을까요?

미니의 기발한 계획

 미니와 영양이는 재빨리 남은 영양분들을 모았어요. 미니의 헬멧이 영양분들의 빛을 받아 무지개처럼 반짝였고, 긴장감에 살짝 떨렸답니다.

 "영양이, 이 영양분들을 어떻게 하면 가장 효과적으로 쓸 수 있을까요?"

 미니는 문득 할머니의 실험실에서 본 것을 떠올렸어요. 할머니는 항상 작은 양의 물질로도 큰 효과를 내는 실험을 하셨거든요.

 "그래요! 영양 폭탄을 만들면 되겠어요!"

 "영양 폭탄이요?"
 영양이가 궁금한 듯 물었어요.

 "네! 영양분을 하나로 뭉쳐서 한꺼번에 터뜨리는 거예요. 마치 할머니가 만드시는 발포정 같은 거죠!"

프로비가 팔을 힘차게 휘두르며 달려왔어요.
"좋은 생각이에요! 우리 유익균들이 영양분을 압축하는 걸 도와드릴게요!"

웨웨도 투명한 방패를 들고 외쳤어요.
"우리 백혈구들이 시간을 벌어드릴게요! 어서요!"

미니와 친구들은 빠르게 움직였어요. 프로비와 유익균들이 영양분을 뭉치고, 영양이는 특별한 영양 주머니로 그것을 감쌌답니다.

"크크크... 그런 짓을 한다고 해서 이길 수 있을까?"
바이러스 킹이 비웃었어요.

하지만 미니는 자신감 있게 대답했어요.
"이길 수 있어요! 제가 배운 게 하나 있거든요. 바로 협동의 힘이에요!"

미니는 할머니께서 항상 하시던 말씀이 떠올렸어요.
"과학은 혼자 하는 게 아니라, 여러 사람이 힘을 모아 하는 거란다."
"자, 이제 준비됐어요!"
영양이가 외쳤어요.

완성된 영양 폭탄이 무지개처럼 반짝였어요. 그 안에는 비타민 C의 노란빛, 단백질의 하얀빛, 칼슘의 파란빛이 어우러져 있었거든요.

"이걸로 뭘 할 수 있다고 생각하시나요? ㅋㅋ"
바이러스 킹이 여전히 코웃음 쳤어요.

"보여드릴게요! 우리가 힘을 합치면 무엇이든 할 수 있다는 걸요!"

미니는 영양 폭탄을 들고 프로비를 바라보았어요.
"프로비, 유익균 친구들을 모두 불러주세요. 이제부터 정말 특별한 실험을 시작할 거예요!"

바이러스 킹의 검은 안개가 점점 더 가까이 다가오는 가운데, 미니의 머릿속에는 멋진 계획이 떠올랐답니다.

힘을 모아 싸우자

"모두 준비됐나요?"
 미니가 영양 폭탄을 들고 물었어요. 반짝이는 우주복을 입은 그녀의 앞머리가 결심한 듯 쫑긋 섰답니다.

 프로비의 마을 전체에서 파란색 유익균들이 모여들었어요. 마치 은하수에 아름다운 별들이 모이는 것 같았죠. 웨웨와 백혈구 부대도 투명한 방패를 들고 준비를 마쳤어요.

"우리의 계획은 이래요."
 미니가 설명을 시작했어요.

"먼저 웨웨와 백혈구 부대가 바이러스 킹의 주의를 끌어주세요. 그동안 프로비와 유익균들은 마을 곳곳에 숨어서 대기해주세요. 영양이는 저와 함께 영양 폭탄을 준비할 거예요."

 바이러스 킹은 이를 보며 비웃었어요.

"크크크... 그런 어린애 같은 작전으로 나를 이길 수 있다고 생각하나요?"

"네, 이길 수 있어요! 우리 모두가 힘을 합치면요!"
미니가 자신있게 대답했어요.

작전이 시작되었어요. 웨웨와 백혈구들이 앞으로 나가 바이러스 킹의 안개를 막아섰죠.

"이쪽이에요, 바이러스 킹!"
웨웨가 외치자 바이러스 킹이 화를 냈어요.

"건방진 것들!"
바이러스 킹이 검은 안개를 마구 뿜어댔어요.

그때였어요. 미니가 신호를 보내자, 숨어있던 프로비와 유익균들이 일제히 나타났어요. 그들은 둥글게 원을 그리며 바이러스 킹을 에워쌌답니다.

"뭐, 뭐죠 이건?"
바이러스 킹이 당황한 듯 물었어요.

"자, 이제 영양 폭탄을 터뜨릴 거예요!"
미니가 외쳤어요.

영양이가 분홍빛 날개를 펼치며 영양 폭탄에 마지막 영양소를 불어넣었어요. 폭탄은 점점 더 밝게 빛나기 시작했죠.

"자, 지금이에요!"

미니가 영양 폭탄을 높이 들자, 프로비와 유익균들이 파란 빛을 쏘아보냈어요. 웨웨와 백혈구들은 방패로 빛을 반사했고, 영양이는 무지개빛 가루를 뿌렸답니다.

"안 돼애애애!!!"
바이러스 킹이 소리를 질렀어요.

영양 폭탄이 폭발하면서 찬란한 빛이 사방으로 퍼져나갔어요. 검은 안개는 점점 사라지고, 소화 관제센터의 스크린들도 하나둘 다시 켜지기 시작했답니다.

"우리가... 해냈어요!"
미니가 기쁘게 외쳤어요.

모두가 서로를 바라보며 환하게 웃었어요. 이제 미니는 진정한 협동의 힘을 깨달았답니다.

4장
면역력의 비밀

프로비 마을의 수비대

　영양 폭탄의 빛이 사그라들고 바이러스 킹이 물러간 후, 프로비의 마을은 새로운 모습으로 변화하기 시작했어요. 파란색 건물들은 더욱 밝게 빛났고, 거리에는 활기가 넘쳤답니다.

"와아, 마을이 더 환하고 예뻐졌어요!"
　미니가 감탄하며 말했어요. 미니의 표정은 더욱 밝고 자신감에 넘쳤어요. 미니의 앞머리도 신나게 흔들렸죠.

　프로비는 앞으로 나와 자신만만한 표정으로 설명을 시작했어요.
"이제 우리 마을에 특별한 수비대를 만들 거예요. 바이러스 킹 같은 나쁜 균들이 다시 오지 못하도록요!"

"수비대요? 어떤 수비대인가요?"
　미니의 호기심 어린 눈동자가 반짝였어요.

"자, 이쪽을 보세요!"

프로비가 손짓하자 마을 광장에 커다란 홀로그램이 나타났어요.

"이건 우리 몸의 면역 체계 지도예요. 보세요, 이렇게 여러 방어선이 있답니다!"

홀로그램에는 여러 층으로 이루어진 방어 시스템이 보였어요. 웨웨와 백혈구들은 첫 번째 방어선에서 순찰을 돌고, 프로비와 유익균들은 두 번째 방어선에서 장벽을 만들고 있었죠.

"그리고 이건 특별 훈련장이에요!"
프로비가 새로 지어진 파란 건물을 가리켰어요.

그곳에서는 어린 유익균들이 열심히 훈련하고 있었어요. 어떤 유익균은 영양분을 더 잘 흡수하는 방법을 배우고, 또 어떤 유익균은 나쁜 균을 물리치는 기술을 연습하고 있었답니다.

"우와! 마치 히어로 학교 같아요!"
미니가 신나서 말했어요.

"맞아요! 우리 모두가 미니의 몸을 지키는 히어로가 되는 거죠!"
영양이가 분홍빛 날개를 팔랑이며 거들었어요.
웨웨도 투명한 방패를 들고 나섰어요.
"저희도 백혈구 특공대의 훈련을 더 강화할 거예요. 다음에 바이러스가 오면 더 빨리 물리칠 수 있도록요!"

미니는 문득 궁금한 게 생각났어요.
"그런데 이런 수비대가 잘 움직이려면 제가 뭘 해야 할까요?"

프로비가 환하게 웃으며 대답했어요.
"건강한 음식을 먹고, 운동도 하고, 충분한 휴식을 취하는 거예요. 그러면 우리 수비대가 더 튼튼해질 수 있답니다!"

"알겠어요! 이제부터는 정말 건강한 생활을 할게요. 여러분을 위해서라도요!"

미니의 말에 모든 친구들이 기뻐했어요. 그들은 이미 더 강한 팀이 되어 있었답니다.

영양이의 특별한 선물

프로비의 설명이 끝나고, 영양이가 미니를 살짝 옆으로 불렀어요. 미니의 표정이 궁금함으로 가득찼어요.

"미니, 당신을 위한 특별한 선물이 있어요!"
영양이의 분홍빛 날개가 설렘으로 반짝였어요.

"선물이요?"
미니의 반짝이는 우주복이 호기심으로 빛났어요.

영양이는 무지개빛 주머니를 꺼내 미니에게 건넸어요. 주머니 안에는 반짝이는 구슬들이 가득했죠.

"이건 '영양 기억 구슬'이에요. 각각의 구슬에는 우리 몸에 정말 중요한 영양소들의 이야기가 담겨있답니다."

미니가 첫 번째 구슬을 들어올리자, 그 안에서 작은 홀로그램이

피어올랐어요. 그 속에서 시금치가 춤추며 노래하고 있었죠.

"안녕! 난 철분이야! 나는 네 몸에서 건강한 피를 만드는 일을 한단다. 그래서 시금치같은 녹색 채소를 먹는 게 정말 중요해!"

두 번째 구슬에서는 당근이 나타났어요.
"하이~ 난 비타민 A야! 네 눈을 밝게 해주는 게 내 특기지. 당근, 토마토 같은 주황색 채소에 내가 가득하단다!"

미니는 눈을 동그랗게 뜨고 구슬들을 바라보았어요.
"우와! 이렇게 보니까 각각의 영양소가 우리 몸에서 하는 일이 정말 중요하네요!"

영양이가 따뜻하게 미소지었어요.
"맞아요! 그리고 여기 특별한 구슬이 하나 더 있어요."

마지막 구슬은 다른 것들보다 조금 더 크고 밝게 빛났어요. 미니가 그 구슬을 들자, 그동안 있었던 모험의 장면들이 하나씩 나타났답니다.

"이건 우리의 추억 구슬이에요. 앞으로 힘들 때마다 이걸 보면서 용기를 내세요. 당신이 얼마나 강해졌는지 기억하면서요!"
미니의 눈시울이 살짝 붉어졌어요.
"고마워요, 영양이... 이제 저는 영양소의 소중함을 정말 잘 알게 됐어요."

웨웨와 프로비도 다가와 미니를 격려했어요.

"우리도 항상 미니를 지키고 있을 거예요!"
"건강한 몸을 만드는 건 우리 모두의 꿈이니까요!"

미니는 구슬들을 꼭 안았어요. 이제 그녀는 진정한 건강의 의미를 깨달은 것 같았답니다.

웨웨의 용감한 도전

영양이가 선물을 준 직후, 갑자기 경보음이 울렸어요. 미니의 앞머리가 놀라서 위로 솟았고, 반짝이는 우주복이 긴장감에 뻣뻣해졌답니다.

"비상! 비상! 바이러스 킹이 더 큰 군대를 이끌고 돌아왔어요!"
웨웨가 투명한 방패를 높이 들고 외쳤어요.

소화 관제센터의 스크린에는 검은 점들이 무리 지어 다가오는 모습이 보였어요. 바이러스 킹은 이번에 정말 큰 공격을 준비한 것 같았죠.

"이번에는 혼자서는 안 돼요!"
웨웨가 단호하게 말했어요.

"다른 백혈구 부대원들을 모두 불러모아야 해요. 제가 직접 가서 지원군을 데려올게요!"
미니가 걱정스러운 눈빛으로 물었어요.

"하지만 너무 위험하지 않나요?"

웨웨는 씩씩하게 미소지었어요.
"걱정 마세요! 우리 백혈구들은 위험한 상황을 위해 특별히 훈련 받았거든요."

그때 프로비가 앞으로 나섰어요.
"저희도 도울 수 있어요! 유익균들이 만든 특별한 신호 체계가 있답니다."

프로비는 파란 몸을 반짝이며 신호를 보내기 시작했어요. 마을 곳곳에서 파란 빛이 릴레이처럼 이어졌어요.

"와아! 마치 반딧불이 축제 같아요!"
미니가 감탄했어요.

영양이도 분홍빛 날개를 활짝 펴며 말했어요.
"저도 영양 전달 네트워크를 통해 소식을 전할게요. 면역력 강화에 필요한 모든 영양소를 준비하도록요!"

웨웨는 투명한 방패에 작별 인사를 새기듯 두드리며 말했어요. ?
"자, 이제 출발해야겠어요. 미니, 프로비와 영양이와 함께 이곳을 지켜주세요!"

"웨웨, 조심해요!"
미니가 외쳤어요.

웨웨는 용감하게 출발했지만, 멀리서 들려오는 바이러스 킹의 웃음소리는 점점 커져갔어요.

"크크크... 이번에는 도망칠 수 없을 거예요!"

하지만 이번에는 미니와 친구들의 표정이 달랐어요. 그들의 눈빛에는 두려움 대신 강한 의지가 빛나고 있었답니다.

"우리 함께라면 반드시 이길 수 있어요!"
미니가 영양 기억 구슬을 꼭 쥐며 말했어요.

과연 웨웨는 무사히 지원군을 데려올 수 있을까요? 그리고 미니와 친구들은 바이러스 킹의 새로운 공격을 막아낼 수 있을까요?

바이러스 킹과의 대결

 웨웨가 떠난 지 얼마 되지 않아, 소화 관제센터의 경보음이 더욱 크게 울렸어요. 미니는 공포에 떨렸고, 반짝이는 우주복이 긴장감에 더욱 밝게 빛났답니다.

"드디어 왔군요, 꼬마 과학자!"
바이러스 킹의 음산한 목소리가 울려퍼졌어요.

 이번에는 정말 달랐어요. 바이러스 킹의 몸이 이전보다 두 배는 더 커져 있었고, 검은 망토는 마치 거대한 폭풍우처럼 소용돌이치고 있었답니다.

"어떻게 이렇게 커진 거죠?"
미니가 놀라서 물었어요.

"크크크... 당신이 평소에 먹은 나쁜 음식들 덕분이죠! 패스트푸드, 과자, 탄산음료... 그것들이 저를 이렇게 강하게 만들었답니다!"

미니는 얼굴이 붉어졌어요. 그동안의 나쁜 식습관이 이런 결과를 만들었다는 걸 다시 한번 깨달았거든요.

　하지만 이번에는 달랐어요. 미니는 영양이가 준 기억 구슬을 꺼내 들었답니다.

　"맞아요, 제가 잘못했어요. 하지만 이제는 달라질 거예요!"

　그때였어요. 프로비의 신호 체계를 통해 파란 빛이 움직였어요.

　"웨웨가 돌아오고 있어요! 그것도 엄청난 숫자의 백혈구 군대와 함께요!"
　프로비가 기쁘게 외쳤어요.

　과연 수천 개의 하얀 빛이 지평선에서 다가오고 있었어요. 웨웨는 백혈구 특공대를 이끌고 돌아온 것이었죠!

　"영양이, 지금이에요!"
　미니가 외쳤어요.

　영양이는 분홍빛 날개를 활짝 펴고 하늘로 날아올랐어요. 그녀의 영양 가방에서 무지개빛 영양소들이 쏟아져 나왔고, 그것들은 백혈구 군대를 더욱 강하게 만들었답니다.

"이럴 순 없어!!!"
바이러스 킹이 분노에 차서 외쳤어요.

프로비와 유익균들도 가만히 있지 않았어요. 그들은 일제히 파란 빛을 발산하며 보호막을 만들었죠.

"이제 당신의 시대는 끝났어요, 바이러스 킹!"
미니가 용기 있게 말했어요.

"모두 함께, 지금이에요!"

　백혈구 군대, 유익균들, 그리고 영양소들... 모두가 하나가 되어 바이러스 킹을 향해 달려들었어요. 이제 진정한 최후의 전투가 시작된 것이었답니다.

여러 군데 상처를 그리고 멍울들로, 손주하나가 있어서 이곳도 잠을 잘때 걸음마를 아가 찬길 차양도 뺏앗겨지지는 않았는지...

그립답니다.

5장
건강한 우리 몸

승리의 기쁨

　모두가 한마음으로 바이러스 킹을 향해 돌진했어요. 웨웨가 이끄는 백혈구 군대는 투명한 방패로 앞을 막아섰고, 프로비의 유익균들은 파란 빛으로 바이러스 킹의 어둠을 밀어냈답니다.

"안 돼! 내 힘이... 약해지고 있어!"
바이러스 킹이 괴로워하며 외쳤어요.

　미니는 영양이의 구슬들을 하나씩 꺼내며 바이러스 킹을 향해 힘차게 소리쳤어요.
"이제 우리 몸에는 당신이 필요 없어요! 보세요, 이게 진짜 우리 몸의 힘이에요!"

　구슬들이 하나둘 빛나기 시작했어요. 시금치의 철분, 당근의 비타민 A, 우유의 칼슘... 모든 영양소들이 반짝이는 빛을 내뿜었죠.

"와아! 정말 아름다워요!"

영양이가 감탄했어요.

프로비가 파란 몸을 빛내며 외쳤어요.
"자, 이제 마지막 공격이에요! 모두 함께 힘을 모아요!"

웨웨와 백혈구들이 방패를 들어올렸어요.
"하나, 둘, 셋!"

순간, 모든 빛이 하나로 모였어요. 영양소의 빛, 백혈구의 방패, 유익균의 파란 빛이 거대한 무지개 빔이 되어 바이러스 킹을 향해 쏘아졌답니다.

"으아아악!!!"
바이러스 킹이 비명을 지르며 점점 작아지기 시작했어요.

"이럴 수가! 내가... 내가 지다니!"
바이러스 킹의 거대한 몸이 연기처럼 사라지더니, 마지막엔 작은 먼지가 되어 날아가 버렸어요.

"우리가... 우리가 해냈어요!"
미니가 기쁨에 겨워 외쳤어요.

모든 친구들이 환호성을 질렀답니다. 웨웨는 방패를 높이 들어올렸고, 프로비와 유익균들은 파란 빛의 축하 불꽃을 만들었어요.

영양이는 분홍빛 날개를 펄럭이며 하늘을 날았죠.

"이제 내 몸은 정말 건강해질 거예요!"
미니가 말했어요.

"네! 하지만 잊지 마세요. 건강을 지키려면 계속해서 노력해야 해요."
프로비가 따뜻하게 미소지으며 말했어요.

미니는 고개를 끄덕였어요.
"약속할게요. 이제부터는 건강한 음식을 먹고, 운동도 열심히 하고, 충분한 휴식도 취할 거예요. 여러분을 위해서, 그리고 나 자신을 위해서!"

프로비의 마을에 평화가 찾아왔어요. 이제 미니는 진정한 건강의 의미를 알게 된 것 같았답니다.

깨달음의 순간

바이러스 킹을 물리친 후, 미니와 친구들은 프로비의 마을 광장에 모였어요. 반짝이는 우주복을 입은 미니는 자신감이 넘쳤어요.

"정말 대단했어요, 미니!"
웨웨가 승리의 상징으로 투명한 방패를 들어 보이며 말했어요.

"아니에요, 우리 모두가 함께했기 때문에 이길 수 있었어요."
미니가 멋쩍어 하며 말했어요.

프로비가 파란 빛을 반짝이며 앞으로 나섰어요.
"미니, 이번 모험을 통해 무엇을 배웠나요?"

미니는 잠시 생각에 잠겼어요. 그동안의 모험이 하나둘 떠올랐답니다.

"음... 첫째로, 우리 몸은 정말 신기한 우주 같다는 걸 알았어요. 웨웨처럼 나쁜 균을 물리치는 백혈구도 있고, 프로비처럼 장을 건강하게 지키는 유익균도 있고, 영양이처럼 우리 몸에 필요한 영양분을 전달하는 친구들도 있죠."

영양이가 분홍빛 날개를 활짝 펴며 미소지었어요.
"그리고 또요?"

"둘째로, 건강이 얼마나 중요한지 깨달았어요. 제가 평소에 채소를 안 먹고 운동도 안 하고 그랬더니, 바이러스 킹이 더 강해질 수 있었잖아요."

"맞아요! 건강한 몸은 하루아침에 만들어지지 않아요."
프로비가 고개를 끄덕이며 말했어요.

"마지막으로, 가장 중요한 건…"
미니가 잠시 말을 멈추고 친구들을 바라보았어요.

"협동의 힘이에요! 우리 모두가 힘을 합쳤기 때문에 바이러스 킹을 물리칠 수 있었어요. 혼자서는 절대 이길 수 없었을 거예요."

웨웨가 감동한 듯 눈물을 닦았어요.
"미니가 이렇게 성장하다니…"

"이제 제가 다시 돌아가면, 더 건강한 생활을 할 거예요. 그리고 다른 친구들에게도 우리 몸의 신비로운 비밀을 알려줄 거예요!"

영양이가 갑자기 무언가 생각난 듯 말했어요.
"아! 그러고 보니 할머니가 많이 걱정하실 텐데요?"

미니는 그제야 할머니 생각이 났어요.
"맞다! 어서 돌아가야 해요. 하지만... 어떻게 돌아가죠?"

프로비가 윙크하며 말했어요.
"걱정 마세요. 우리에겐 특별한 방법이 있답니다!"

다시 만난 할머니

　프로비는 다른 유익균들과 함께 특별한 준비를 시작했어요. 파란 빛을 내는 그들의 몸이 하나로 모여 거대한 원을 만들었답니다.

　"자, 이제 영양이가 특별한 영양 파우더를 뿌릴 거예요. 그러면 미니가 원래 크기로 돌아갈 수 있어요!"
　프로비가 설명했어요.

　미니는 반짝이는 우주복을 입은 채로 원 가운데 섰어요.
　"정말 떠나야 하는 건가요?"
　미니의 목소리가 살짝 떨렸어요.

　웨웨가 투명한 방패를 들고 다가왔어요.
　"걱정 마세요. 우리는 항상 미니를 지키고 있을 테니까요!"

　영양이도 분홍빛 날개를 활짝 펴며 말했어요.
　"그리고 영양 기억 구슬도 있잖아요. 언제든 우리를 떠올릴 수 있을 거예요!"

미니는 눈물을 글썽이며 친구들을 바라보았어요.
"정말 고마워요, 모두들... 절대 잊지 않을게요!"

영양이가 하늘 높이 날아올라 반짝이는 영양 파우더를 뿌리기 시작했어요. 그러자 미니의 몸이 따뜻한 빛으로 감싸였답니다.

"안녕, 내 친구들! 다음에 또 만나요!"
미니의 마지막 인사가 울려 퍼졌어요.

순간 강한 빛이 번쩍였고... 미니는 눈을 떴어요. 그러자 할머니의 실험실이 보였답니다.

"미니야! 정신이 들어?"
할머니가 걱정스러운 표정으로 미니를 바라보고 계셨어요.

"할머니...!"
미니는 할머니를 꼭 안았어요.

"미안해요, 할머니.

제가 몰래 방울약을 먹어서…"

하지만 할머니는 따뜻하게 미소 지으셨어요.
"괜찮아, 우리 꼬마 과학자. 네가 무사히 돌아왔으니 됐어."

그때 미니는 주머니에서 무언가를 발견했어요. 영양이가 준 기억 구슬이었죠!

"할머니, 제가 정말 신기한 경험을 했어요! 우리 몸 속에는 대단한 친구들이 살고 있더라고요!"

할머니는 안경을 고치시며 빙그레 웃으셨어요.
"그래, 이제 우리 미니가 진짜 과학자가 된 것 같구나."

새로운 모험의 시작

 다음 날 아침, 미니는 달라진 모습으로 학교에 갔어요. 그녀의 도시락 가방에는 할머니가 정성스럽게 준비해주신 건강한 반찬들이 가득했답니다.

"어머, 미니야! 오늘 도시락이 특별해 보인다!"
옆자리의 수지가 놀란 눈으로 말했어요.

"응! 브로콜리, 시금치, 당근... 다 우리 몸에 정말 중요한 영양소들이야!"
미니가 자신감 있게 대답했어요.

수지는 의아한 표정을 지었어요.
"근데 넌 원래 채소 안 먹었잖아?"

미니는 주머니 속 영양 기억 구슬을 살짝 만지작거리며 미소지었어요.
"이제는 달라졌어! 내가 정말 신기한 비밀을 알게 됐거든."

급식 시간, 미니는 처음으로 모든 반찬을 골고루 먹었어요. 그러자 마치 몸 속에서 친구들이 기뻐하는 것 같은 기분이 들었답니다.

방과 후, 미니는 할머니의 실험실로 달려갔어요.
"할머니! 제가 좋은 생각이 났어요!"

할머니는 미니를 안으시며 궁금한 듯 물으셨어요.
"어떤 생각인데?"

"우리 함께 어린이들을 위한 건강 과학 교실을 열어요! 제가 경험한 걸 다른 친구들한테도 알려주고 싶어요!"

할머니의 눈이 동그래지셨어요.
"정말 좋은 생각이구나! 그런데 어떻게 설명할 거니?"

미니는 기억 구슬을 꺼내들었어요.
"이걸로요! 영양이가 준 구슬로 우리 몸속 이야기를 보여줄 수 있어요!"

그때였어요. 구슬에서 갑자기 작은 홀로그램이 떠올랐어요. 웨웨, 영양이, 프로비가 환하게 웃으며 손을 흔들고 있었답니다.
"우리도 도와줄게요, 미니!"
작은 목소리들이 들려왔어요.

미니의 눈에서 기쁨의 눈물이 흘렀어요.
"고마워요, 친구들…"

할머니는 손녀의 변화된 모습을 자랑스럽게 바라보셨어요.
"우리 미니가 이제 진정한 건강 지킴이가 되었구나!"

이렇게 미니의 새로운 모험이 시작되었어요. 이제 그녀는 다른 친구들에게도 우리 몸속의 놀라운 비밀을 알려주는 작은 과학자가 된 거랍니다.

그리고 밤이 되면, 미니는 가끔 작은 목소리를 들을 수 있었어요.
"오늘도 건강한 하루 보내줘서 고마워, 미니!"

우리 몸속의 작은 영웅들은 언제나 그곳에서 우리를 지키고 있답니다.

에필로그

몇 달이 지난 어느 날…

미니의 과학 교실에는 늘 웃음소리가 가득했어요. 미니는 앞머리를 귀엽게 흔들며, 다른 친구들에게 우리 몸속 이야기를 들려주곤 했답니다.

"여러분, 오늘은 제가 만난 특별한 친구들 이야기를 들려드릴게요!"

영양 기억 구슬에서 반짝이는 홀로그램이 떠오르면, 아이들의 눈이 동그래졌어요. 웨웨가 방패를 들고 순찰을 도는 모습, 영양이가 분홍빛 날개를 펼치고 영양분을 나르는 모습, 프로비와 유익균들이 파란 빛을 내며 춤추는 모습이 보였거든요.

이제 미니의 반 친구들은 더 이상 급식을 남기지 않아요. 체육 시간에도 모두가 즐겁게 운동을 한답니다. 심지어 미니처럼 과학자가 되고 싶다는 친구들도 생겼어요!